Alexandra —
you are a beautiful
person and a
wonderful friend.
Thank you for
always being
there for me and
supporting my
dreams — you have
taught and shown
me so much.
I'm going to miss
you so much next
year but I will
also be happy
because I know
that you will
be doing what
you need to do.
I admire you for
following your
dreams.

-2000-   love always,
          alisha

Odes to Common Things

Also available with illustrations by Ferris Cook:

A Murmur in the Trees / Emily Dickinson

Odes to Opposites / Pablo Neruda

*The Rose Window and Other Verse
from New Poems* / Rainer Maria Rilke

The Sonnets / William Shakespeare

LITTLE, BROWN AND COMPANY

BOSTON · NEW YORK · LONDON

ODES

by Pablo Neruda

TO

Selected & Illustrated by Ferris Cook

COMMON

Translated by Ken Krabbenhoft

THINGS

A Bulfinch Press Book

First Edition
Sixth Printing 1999

LIBRARY OF CONGRESS CATALOGING-IN-PUBLICATION DATA
Neruda, Pablo, 1904–1973.
    Odes to common things / by Pablo Neruda ; selected and illustrated by Ferris
Cook ; translated by Ken Krabbenhoft.
        p.   cm.
    English and Spanish.
    "A Bulfinch Press book."
    ISBN 0-8212-2080-2
    1. Neruda, Pablo, 1904–1973—Translations into English. I. Cook, Ferris. II.
Krabbenhoft, Kenneth. III. Title.
    PQ8097.N4A245 1994   93–39665
    861—dc20

Bulfinch Press is an imprint and trademark of Little, Brown and Company (Inc.)

PRINTED IN THE UNITED STATES OF AMERICA

For Isaac

Indice

Contents

Las Odas / *The Odes*

Oda a las cosas

Amo las cosas loca,
locamente.
Me gustan las tenazas,
las tijeras,
adoro
las tazas,
las argollas,
las soperas,
sin hablar, por supuesto,
del sombrero.
Amo
todas las cosas,
no sólo
las supremas,
sino
las
infinita-
mente
chicas,
el dedal,
las espuelas,
los platos,
los floreros.

Ay, alma mía,

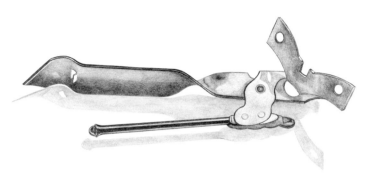

Ode to things

I have a crazy,
crazy love of things.
I like pliers,
and scissors.
I love
cups,
rings,
and bowls—
not to speak, of course,
of hats.
I love
all things,
not just
the grandest,
also
the
infinite-
ly
small—
thimbles,
spurs,
plates,
and flower vases.

Oh yes,

hermoso
es el planeta,
lleno
de pipas
por la mano
conducidas
en el humo,
de llaves,
de saleros,
en fin,
todo
lo que se hizo
por la mano del hombre, toda cosa:
las curvas del zapato,
el tejido,
el nuevo nacimiento
del oro
sin la sangre,
los anteojos,
los clavos,
las escobas,
los relojes, las brújulas,
las monedas, la suave
suavidad de las sillas.

Ay cuántas
cosas
puras
ha construido
el hombre:
de lana,
de madera,
de cristal,
de cordeles,
mesas
maravillosas,
navíos, escaleras.

the planet
is sublime!
It's full of
pipes
weaving
hand-held
through tobacco smoke,
and keys
and salt shakers—
everything,
I mean,
that is made
by the hand of man, every little thing:
shapely shoes,
and fabric,
and each new
bloodless birth
of gold,
eyeglasses,
carpenter's nails,
brushes,
clocks, compasses,
coins, and the so-soft
softness of chairs.

Mankind has
built
oh so many
perfect
things!
Built them of wool
and of wood,
of glass and
of rope:
remarkable
tables,
ships, and stairways.

Amo
todas
las cosas,
no porque sean
ardientes
o fragantes,
sino porque
no sé,
porque
este océano es el tuyo,
es el mío:
los botones,
las ruedas,
los pequeños
tesoros
olvidados,
los abanicos en
cuyos plumajes
desvaneció el amor
sus azahares,
las copas, los cuchillos,
las tijeras,
todo tiene
en el mango, en el contorno,
la huella
de unos dedos,
de una remota mano
perdida
en lo más olvidado del olvido.

Yo voy por casas,
calles,
ascensores,
tocando cosas,
divisando objetos
que en secreto ambiciono:
uno porque repica,
otro porque

I love
all
things,
not because they are
passionate
or sweet-smelling
but because,
I don't know,
because
this ocean is yours,
and mine:
these buttons
and wheels
and little
forgotten
treasures,
fans upon
whose feathers
love has scattered
its blossoms,
glasses, knives and
scissors —
all bear
the trace
of someone's fingers
on their handle or surface,
the trace of a distant hand
lost
in the depths of forgetfulness.

I pause in houses,
streets and
elevators,
touching things,
identifying objects
that I secretly covet:
this one because it rings,
that one because

es tan suave
como la suavidad de una cadera,
otro por su color de agua profunda.
otro por su espesor de terciopelo.

Oh río
irrevocable
de las cosas,
no se dirá
que sólo
amé
los peces,
o las plantas de selva y de pradera,
que no sólo
amé
lo que salta, sube, sobrevive, suspira.
No es verdad:
muchas cosas
me lo dijeron todo.
No sólo me tocaron
o las tocó mi mano,
sino que acompañaron
de tal modo
mi existencia
que conmigo existieron
y fueron para mí tan existentes
que vivieron conmigo media vida
y morirán conmigo media muerte.

it's as soft
as the softness of a woman's hip,
that one there for its deep-sea color,
and that one for its velvet feel.

O irrevocable
river
of things:
no one can say
that I loved
only
fish,
or the plants of the jungle and the field,
that I loved
only
those things that leap and climb, desire, and survive.
It's not true:
many things conspired
to tell me the whole story.
Not only did they touch me,
or my hand touched them:
they were
so close
that they were a part
of my being,
they were so alive with me
that they lived half my life
and will die half my death.

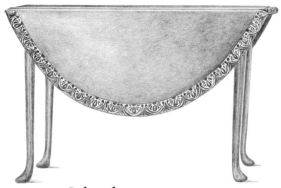

Oda a la mesa

Sobre las cuatro patas de la mesa
desarrollo mis odas,
despliego el pan, el vino
y el asado
(la nave negra
de los sueños),
o dispongo tijeras, tazas, clavos,
claveles y martillos.

La mesa fiel
sostiene
sueño y vida,
titánico cuadrúpedo.

Es
la encaracolada
y refulgente
mesa del rico un fabuloso buque
cargado con racimos.
Es hermosa la mesa de la gula,
rebosante de góticas langostas,
y hay una mesa
sola, en el comedor de nuestra tía
en verano. Corrieron
las cortinas

Ode to the table

I work out my odes
on a four-legged table,
laying before me bread and wine
and roast meat
(that black boat
of our dreams).
Sometimes I set out scissors, cups and nails,
hammers and carnations.

Tables are trustworthy:
titanic quadrupeds,
they sustain
our hopes and our daily life.

The rich man's table,
scrolled and shining,
is
a fabulous ship
bearing bunches of fruit.
Gluttony's table is a wonder,
piled high with Gothic lobsters,
and there is also a lonesome
table in our aunt's dining room,
in summer. They've closed
the curtains,

y un solo rayo agudo del estío
penetra como espada
a saludar sobre la mesa oscura
la transparente paz de las ciruelas.
Y hay una mesa lejos, mesa pobre,
donde están preparando
una corona
para
el minero muerto,
y sube de la mesa el frío aroma
del último dolor desbaratado.
Y cerca está la mesa
de aquella alcoba umbría
que hace arder el amor con sus incendios.
Un guante de mujer quedó temblando
allí, como la cáscara del fuego.

El mundo
es una mesa
rodeada por la miel y por el humo,
cubierta de manzanas o de sangre.
La mesa preparada
y ya sabemos cuando
nos llamaron:
si nos llaman a guerra o a comida
y hay que elegir campana,
hay que saber ahora
cómo nos vestiremos
para sentarnos
en la larga mesa,
si nos pondremos pantalones de odio
o camisa de amor recién lavada:
pero hay que hacerlo pronto,
están llamando:
muchachas y muchachos,
a la mesa!

and a single ray of summer light
strikes like a sword
upon this table sitting in the dark
and greets the plums' transparent peace.
And there is a faraway table, a humble table,
where they're weaving
a wreath
for
a dead miner.
That table gives off the chilling odor
of a man's wasted pain.
There's a table
in a shadowy room nearby
that love sets ablaze with its flames.
A woman's glove was left behind there,
trembling like a husk of fire.

The world
is a table
engulfed in honey and smoke,
smothered by apples and blood.
The table is already set,
and we know the truth
as soon as we are called:
whether we're called to war or to dinner
we will have to choose sides,
have to know
how we'll dress
to sit
at the long table,
whether we'll wear the pants of hate
or the shirt of love, freshly laundered.
It's time to decide,
they're calling:
boys and girls,
let's eat!

Oda a la silla

Una silla en la selva:
bajo las lianas duras
cruje un tronco sagrado,
sube una enredadera,
aúllan en la sombra
bestias ensangrentadas,
del cielo verde caen grandes hojas,
suenan los cascabeles
secos de la serpiente,
como un flechazo contra una bandera
atravesó un pájaro el follaje,
las ramas levantaron sus violines,
rezan inmóviles
los insectos
sentados en sus flores,

Ode to the chair

One chair, alone in the jungle.
In the vines' tight grip
a sacred tree groans.
Other vines spiral skyward,
bloodspattered creatures
howl deep within the shadows,
giant leaves drop from the green sky.
A snake shakes
the dry rattles on its tail,
a bird flashes through the foliage
like an arrow aimed at a flag
while the branches shoulder their violins.
Squatting on their flowers,
insects
pray without stirring.

se hunden los pies
en
el sargazo negro
de la selva marina,
en las nubes caídas de la selva,
y sólo pido
para el extranjero,
para el explorador desesperado
una silla
en el árbol de las sillas,
un trono
de felpa desgreñada,
el terciopelo de un sillón profundo
carcomido por las enredaderas.
Sí,
la silla
que ama el universo
para el hombre que anda,
la fundación
segura,
la dignidad
suprema
del reposo!

Atrás tigres sedientos,
muchedumbre de moscas sanguinarias,
atrás negra espesura
de fantasmales hojas,
atrás aguas espesas,
hojas ferruginosas,
sempiternas serpientes,
en medio
de los truenos,
una silla,
una silla
para mí, para todos,
una silla no sólo
para alivio

Our feet sink
in
the black weeds
of the jungle sea,
in clouds fallen from the forest canopy,
and all I ask
for the foreigner,
for the despairing scout,
is a seat
in the sitting-tree,
a throne
of unkempt velvet,
the plush of an overstuffed chair
torn up by the snaking vines—
yes:
for the man who goes on foot,
a chair
that embraces everything,
the sound
ground and
supreme
dignity
of repose!

Get behind me, thirsty tigers
and swarms of bloodsucking flies—
behind me, black morass
of ghostly fronds,
greasy waters,
leaves the color of rust,
deathless snakes.
Bring me a chair
in the midst of
thunder,
a chair for me
and for everyone
not only
to relieve

del cuerpo fatigado,
sino
que para todo
y para todos,
para la fuerza perdida
y para el pensamiento.

La guerra es ancha como selva oscura.
La paz
comienza
en
una sola
silla.

an exhausted body
but
for every purpose
and for every person,
for squandered strength
and for meditation.

War is as vast as the shadowy jungle.
A single chair
is
the first sign
of
peace.

Oda a la cama

De cama en cama en cama
es este viaje,
el viaje de la vida.
El que nace, el herido
y el que muere,
el que ama y el que sueña
vinieron y se van de cama en cama,
vinimos y nos vamos
en este tren, en esta nave, en este
río común
a toda
vida,
común
a toda muerte.
La tierra es una cama
florida por amor, sucia de sangre,
las sábanas del cielo
se secan
desplegando
el cuerpo de septiembre y su blancura,
el mar
cruje
golpeado
por la
cúpula

Ode to the bed

We go from one bed to the next
in this journey,
life's journey.
The newborn, the afflicted,
the dying,
the lover and the dreamer alike:
they arrived and they will depart by bed,
we have all arrived and we will all depart
on this train, on this boat, down this
river which is common
to all
life,
which is shared
by each and every death.
Love makes the earth
a bed for blooming, mired in blood.
The fullness of September, its clarity
shaken out
in sheets by the skyful,
drying.
The sea
groans,
battered
by the
green

verde
del
abismo
y mueve ropa blanca y ropa negra.

Oh mar, cama terrible,
agitación perpetua
de la muerte y la vida,
del aire encarnizado y de la espuma,
duermen en ti los peces,
la noche,
las ballenas,
yace en ti la ceniza
centrífuga y celeste
de los agonizantes meteoros:
palpitas, mar, con todos
tus dormidos,
construyes y destruyes
el tálamo incesante de los sueños.

De pronto sale un rayo
con dos ojos de puro nomeolvides,
con nariz de marfil o de manzana,
y te muestra el sendero
a suaves sábanas
como estandartes claros de azucena
por donde resbalamos
al enlace.
Luego
viene a la cama
la muerte con sus manos oxidadas
y su lengua de yodo
y levanta su dedo
largo como un camino
mostrándonos la arena,
la puerta de los últimos dolores.

vault
of the
abyss,
surging in white clothes, and black.

O sea, intimidating bed,
death and life
writhing endlessly,
and savage air and spray:
fish sleep deep inside you,
and the night,
and whales.
In you rest
the celestial, centrifugal
ashes of dying meteors.
You throb, sea, with the life of everything
that sleeps within you,
you build up and tear down
the ever-renewed bride's bed of dreams.

Lightning flashes suddenly
in two eyes of pure forget-me-not
and an ivory or apple profile.
It shows you the way
to soft sheets
like bright banners, white lilies,
down which we roll
to the final embrace.
Then death
slips into bed with us
with his spotted hands
and iodine tongue.
He raises a finger
as long as a long road
showing us the shore,
the gateway to our dying pain.

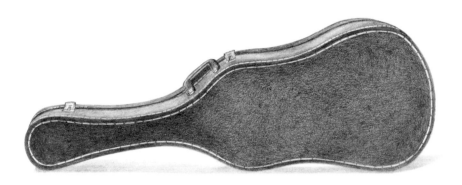

Oda a la guitarra

Delgada
     línea pura
de corazón sonoro,
eres la claridad cortada al vuelo:
cantando sobrevives:
todo se irá menos tu forma.

No sé si el llanto ronco
que de ti se desploma,
tus toques de tambor, tu
                    enjambre de alas,
será de ti lo mío,
o si eres
en silencio
más decididamente arrobadora,
sistema de paloma
o de cadera,
molde que de su espuma
resucita
y aparece, turgente, reclinada
y resurrecta rosa.

Debajo de una higuera,
cerca del ronco y raudo Bío-Bío,
guitarra,

Ode to the guitar

Slender,
       perfect profile
of a musical heart,
you are clarity itself captured in flight.
Through song you endure:
your shape alone will never pass away.

Is it the harsh grief
that pours out of you,
your thrumming beats, or the
                              buzzing of wings:
is this what I'll recall?
Or are you
more thoroughly thrilling
in silence,
the dove schematized
or a woman's hip,
a pattern that emerges
from its foam
and reappears: a turgid, tumbled
and resurrected rose.

Beneath a fig tree,
by the rough-running river Bio-Bio,
you left your nest like a bird,

saliste de tu nido como un ave
y a unas manos
morenas
entregaste
las citas enterradas,
los sollozos oscuros,
la cadena sin fin de los adioses.
De ti salía el canto,
el matrimonio
que el hombre
consumó con su guitarra,
los olvidados besos,
la inolvidable ingrata,
y así se transformó
                      la noche entera
en estrellada caja
de guitarra,
temblando el firmamento
con su copa sonora
y el río
sus infinitas cuerdas
afinaba
arrastrando hacia el mar
una marea pura
de aromas y lamentos.

Oh soledad sabrosa
con noche venidera,
soledad como el pan terrestre,
soledad con un río de guitarras!
El mundo se recoge
en una sola gota
de miel, en una estrella,
todo es azul entre las hojas,
toda la altura temblorosa
                      canta.

Y la mujer que toca

guitar,
and delivered
to swarthy
hands
those long-lost trysts,
muffled sobs,
and endless successions of farewells.
Song poured out of you,
a marriage
between man
and guitar,
forgotten kisses
from an unforgettable, unforgiving lady.
In this way the entire night
                              became
the star-studded body
of a guitar.
The firmament trembled
in its musical canopy,
while the river
tuned
its infinite strings,
sweeping toward the sea
a pure tide
of scents and sorrows.

O rich solitude
that arrives with the night,
solitude like bread made of earth,
solitude sung by a river of guitars!
The world shrinks
to a single drop
of honey, or one star,
and through the leaves everything is blue:
trembling, all of heaven
                              sings.

And the woman who plays

la tierra y la guitarra
lleva en su voz
el duelo
y la alegría
de la profunda hora.
El tiempo y la distancia
caen a la guitarra:
somos un sueño,
un canto
entrecortado:
el corazón campestre
se va por los caminos a caballo:
sueña y sueña la noche y su silencio,
canta y canta la tierra y su guitarra.

both earth and guitar
bears in her voice
the mourning
and the joy
of the most poignant moment.
Time and distance
fall away from the guitar.
We are a dream,
an unfinished
song.
The untamed heart
rides back roads on horseback:
over and over again it dreams of the night, of silence,
over and over again it sings of the earth, of its guitar.

Oda al violín de California

Como piedra en la costa
de California, un día
caí, desamparado:
la mañana era un látigo amarillo,
la tarde era una ráfaga
y llegaba la noche
como una copa limpia
colmada por estrellas y frescura.

Oh firmamento
grávido, tembloroso
pecho de estatua azul
sobre los arrabales mexicanos,
y allí en la costa
con
aquella tristeza transeúnte,
con una soledad de palo seco,
consumido y quemado,
tirado en el vaivén
de la marea
a la siniestra sal de California.

Entonces, en la noche
subió la voz
de un violín

Ode to a violin in California

One day I fell like a stone
upon the California
coast, on my own and out of luck.
Morning came, a yellow whiplash,
and evening a gust of wind.
Night came
like an immaculate bowl
overflowing with stars and newness.

O pregnant
sky, blue sculpture's
breast trembling
above Mexico's borders,
and on the shore
alone there with
only the wayfarer's sadness,
a withered stick all alone,
wrung out and blistered,
washed up
on California's sinister salt shore
by the tide's whim.

Suddenly the voice of a violin,
thin
and hungry,

flaco
y pobre:
era como un aullido
de perro vagabundo
que me lloraba y me buscaba,
era
la compañía,
el hombre que aullaba,
era otra soledad sobre la arena.

Busqué el violín nocturno
calle por calle negra,
casa por casa oxidada,
estrella por estrella:
se perdía,
callaba,
y era de pronto un surtidor,
               un fuego
de Bengala en la noche salobre,
era una red de fósforo sonoro,
una espiral de dimensión sonora,
y yo por calle y calle
buscando
el hilo
del violín oscuro,
la raíz sumergida en el silencio
hasta que en una
puerta
de taberna
el hombre estaba con su
               violín pobre.

Ya el último borracho
tambaleaba
hacia los dormitorios del navío,
las mesas ultrajadas
despedían las copas:
tampoco allí

floated
on the evening air
like a stray dog's
howling.
It mourned for me, it sought me out:
it was
my companion,
it was mankind howling,
it was someone else's loneliness loose upon the sand.

I sought that violin in the night.
I searched street by pitch-black street,
went house by weathered house,
star by star.
It faded
and fell silent
then suddenly surged,
                   a flare
in the brackish night.
It was a pattern of incendiary sound,
a spiral of musical contours,
and I went on searching
street by street
for the dark violin's
lifeline,
the source submerged in silence.
Finally, there
he was,
at the entrance to a bar:
a man and his
    hungry violin.

The last drunk
weaved homeward
to a bunk on board a ship,
and violated tables
shrugged off empty glasses.
Nobody was left waiting,

esperaba nada a nadie:
el vino había partido,
la cerveza dormía,
y en la puerta
el violín con su raído
compañero,
volando,
volando
sobre la noche sola,
con una sola escala
de plata y de lamento,
con una sola red que sacaba
                    del cielo
fuego errante, cometas, trovadores,
y yo semidormido,
tragado por la boca
del estuario
toqué el violín, las cuerdas
madres de aquellos solitarios
                    llantos,
la madera gastada
por tantos dedos sumergidos,
reconocí la suavidad, el tacto
del instrumento puro, construido,
aquel violín de pobre
era familia,
era pariente mío,
no sólo por sonoro,
no sólo porque pudo levantar
su aullido
entre hostiles estrellas,
sino porque aprendió
desde su nacimiento
a acompañar perdidos,
a cantar para errantes.

and nobody was on the way.
The wine had left for home,
the beer was sound asleep,
and in the doorway
soared
the violin with its ragged
companion,
it soared
over the lonely night,
on a solitary scale
sounding of silver and complaint,
a single theme that wrung
                            from the sky
wandering fire, comets, and troubadors,
and I played my violin
half asleep,
held fast in the estuary's
mouth, the strings
giving birth to those desolate
                            cries,
the wood worn smooth
by the plunging of many fingers.
I honored the smoothness, the feel
of a perfect instrument, perfectly assembled.
That hungry man's violin
was like family to me,
like kin,
and not just because of its sound,
not just because it raised
its howling
to the angry stars,
no: because it had grown up
learning
how to befriend lost souls
and sing songs to wandering strangers.

Oda al perro

El perro me pregunta
y no respondo.
Salta, corre en el campo y me pregunta
sin hablar
y sus ojos
son dos preguntas húmedas, dos llamas
líquidas que interrogan
y no respondo,
no respondo porque
no sé, no puedo nada.

A campo pleno vamos
hombre y perro.

Brillan las hojas como
si alguien
las hubiera besado
una por una,
suben del suelo
todas las naranjas
a establecer
pequeños planetarios
en árboles redondos
como la noche, y verdes,
y perro y hombre vamos

Ode to the dog

The dog is asking me a question
and I have no answer.
He dashes through the countryside and asks me
wordlessly,
and his eyes
are two moist question marks, two wet
inquiring flames,
but I do not answer
because I haven't got the answer.
I have nothing to say.

Dog and man: together we roam
the open countryside.

Leaves shine as
if someone
had kissed them
one by one,
orange trees
rise up from the earth
raising
minute planetariums
in trees that are as rounded
and green as the night,
while we roam together, dog and man

oliendo el mundo, sacudiendo el trébol,
por el campo de Chile,
entre los dedos claros de septiembre.
El perro se detiene,
persigue las abejas,
salta el agua intranquila,
escucha lejanísimos
ladridos,
orina en una piedra
y me trae la punta de su hocico,
a mí, como un regalo.
Es su frescura tierna,
la comunicación de su ternura,
y allí me preguntó
con sus dos ojos,
por qué es de día, por qué vendrá la noche,
por qué la primavera
no trajo en su canasta
nada
para perros errantes,
sino flores inútiles,
flores, flores y flores.
Y así pregunta
el perro
y no respondo.

Vamos
hombre y perro reunidos
por la mañana verde,
por la incitante soledad vacía
en que sólo nosotros
existimos,
esta unidad de perro con rocío
y el poeta del bosque,
porque no existe el pájaro escondido,
ni la secreta flor,
sino trino y aroma
para dos compañeros,

sniffing everything, jostling clover
in the countryside of Chile,
cradled by the bright fingers of September.
The dog makes stops,
chases bees,
leaps over restless water,
listens to far-off
barking,
pees on a rock,
and presents me the tip of his snout
as if it were a gift:
it is the freshness of his love,
his message of love.
And he asks me
with both eyes:
why is it daytime? why does night always fall?
why does spring bring
nothing
in its basket
for wandering dogs
but useless flowers,
flowers and more flowers?
This is how the dog
asks questions
and I do not reply.

Together we roam,
man and dog bound together again
by the bright green morning,
by the provocative empty solitude
in which we alone
exist,
this union of dog and dew
or poet and woods.
For these two companions,
for these fellow-hunters,
there is no lurking fowl
or secret berry

para dos cazadores compañeros:
un mundo humedecido
por las destilaciones de la noche,
un túnel verde y luego
una pradera,
una ráfaga de aire anaranjado,
el susurro de las raíces,
la vida caminando,
respirando, creciendo,
y la antigua amistad,
la dicha
de ser perro y ser hombre
convertida
en un solo animal
que camina moviendo
seis patas
y una cola
con rocío.

but only birdsong and sweet smells,
a world moistened
by night's distillations,
a green tunnel and then
a meadow,
a gust of orangey air,
the murmurings of roots,
life on the move,
breathing and growing,
and the ancient friendship,
the joy
of being dog or being man
fused
in a single beast
that pads along on
six feet,
wagging
its dew-wet tail.

Oda al gato

Los animales fueron
imperfectos,
largos de cola, tristes
de cabeza.
Poco a poco se fueron
componiendo,
haciéndose paisaje,
adquiriendo lunares, gracia, vuelo.
El gato,
sólo el gato
apareció completo
y orgulloso:
nació completamente terminado,
camina solo y sabe lo que quiere.

El hombre quiere ser pescado y pájaro,
la serpiente quisiera tener alas,
el perro es un león desorientado,
el ingeniero quiere ser poeta,
la mosca estudia para golondrina,
el poeta trata de imitar la mosca,
pero el gato
quiere ser sólo gato
y todo gato es gato
desde bigote a cola,
desde presentimiento a rata viva,
desde la noche hasta sus ojos de oro.

No hay unidad
como él,

Ode to the cat

There was something wrong
with the animals:
their tails were too long, and they had
unfortunate heads.
Then they started coming together,
little by little
fitting together to make a landscape,
developing birthmarks, grace, pep.
But the cat,
only the cat
turned out finished,
and proud:
born in a state of total completion,
it sticks to itself and knows exactly what it wants.

Men would like to be fish or fowl,
snakes would rather have wings,
and dogs are would-be lions.
Engineers want to be poets,
flies emulate swallows,
and poets try hard to act like flies.
But the cat
wants nothing more than to be a cat,
and every cat is pure cat
from its whiskers to its tail,
from sixth sense to squirming rat,
from nighttime to its golden eyes.

Nothing hangs together
quite like a cat:

no tienen
la luna ni la flor
tal contextura:
es una sola cosa
como el sol o el topacio,
y la elástica línea en su contorno
firme y sutil es como
la línea de la proa de una nave.
Sus ojos amarillos
dejaron una sola
ranura
para echar las monedas de la noche.

Oh pequeño
emperador sin orbe,
conquistador sin patria,
mínimo tigre de salón, nupcial
sultán del cielo
de las tejas eróticas,
el viento del amor
en la intemperie
reclamas
cuando pasas
y posas
cuatro pies delicados
en el suelo,
oliendo,
desconfiando
de todo lo terrestre,
porque todo
es inmundo
para el inmaculado pie del gato.

Oh fiera independiente
de la casa, arrogante
vestigio de la noche,
perezoso, gimnástico
y ajeno,

neither flowers nor the moon
have
such consistency.
It's a thing by itself,
like the sun or a topaz,
and the elastic curve of its back,
which is both subtle and confident,
is like the curve of a sailing ship's prow.
The cat's yellow eyes
are the only
slot
for depositing the coins of night.

O little
emperor without a realm,
conqueror without a homeland,
diminutive parlor tiger, nuptial
sultan of heavens
roofed in erotic tiles:
when you pass
in rough weather
and poise
four nimble paws
on the ground,
sniffing,
suspicious
of all earthly things
(because everything
feels filthy
to the cat's immaculate paw),
you claim
the touch of love in the air.

O freelance household
beast, arrogant
vestige of night,
lazy, agile
and strange,

profundísimo gato,
policía secreta
de las habitaciones,
insignia
de un
desaparecido terciopelo,
seguramente no hay
enigma
en tu manera,
tal vez no eres misterio,
todo el mundo te sabe y perteneces
al habitante menos misterioso,
tal vez todos lo creen,
todos se creen dueños,
propietarios, tíos
de gatos, compañeros,
colegas,
discípulos o amigos
de su gato.

Yo no.
Yo no suscribo.
Yo no conozco al gato.
Todo lo sé, la vida y su archipiélago,
el mar y la ciudad incalculable,
la botánica,
el gineceo con sus extravíos,
el por y el menos de la matemática,
los embudos volcánicos del mundo,
la cáscara irreal del cocodrilo,
la bondad ignorada del bombero,
el atavismo azul del sacerdote,
pero no puedo descifrar un gato.
Mi razón resbaló en su indiferencia,
sus ojos tienen números de oro.

O fathomless cat,
secret police
of human chambers
and badge
of
vanished velvet!
Surely there is nothing
enigmatic
in your manner,
maybe you aren't a mystery after all.
You're known to everyone, you belong
to the least mysterious tenant.
Everyone may believe it,
believe they're master,
owner, uncle
or companion
to a cat,
some cat's colleague,
disciple or friend.

But not me.
I'm not a believer.
I don't know a thing about cats.
I know everything else, including life and its archipelago,
seas and unpredictable cities,
plant life,
the pistil and its scandals,
the pluses and minuses of math.
I know the earth's volcanic protrusions
and the crocodile's unreal hide,
the fireman's unseen kindness
and the priest's blue atavism.
But cats I can't figure out.
My mind slides on their indifference.
Their eyes hold ciphers of gold.

Oda a unas flores amarillas

Contra el azul moviendo sus azules,
el mar, y contra el cielo,
unas flores amarillas.

Octubre llega.

Y aunque sea
tan importante el mar desarrollando
su mito, su misión, su levadura,
estalla
sobre la arena el oro
de una sola
planta amarilla
y se amarran
tus ojos
a la tierra,
huyen del magno mar y sus latidos.

Polvo somos, seremos.
Ni aire, ni fuego, ni agua
sino
tierra,
sólo tierra
seremos
y tal vez
unas flores amarillas.

Ode to some yellow flowers

Rolling its blues against another blue,
the sea, and against the sky
some yellow flowers.

October is on its way.

And although
the sea may well be important, with its unfolding
myths, its purpose and its risings,
when the gold of a single
yellow plant
explodes
in the sand
your eyes
are bound
to the soil.
They flee the wide sea and its heavings.

We are dust and to dust return.
In the end we're
neither air, nor fire, nor water,
just
dirt,
neither more nor less, just dirt,
and maybe
some yellow flowers.

Oda a un ramo de violetas

Crespo ramo en la sombra
sumergido:
gotas de agua violeta
y luz salvaje
subieron con tu aroma:
una fresca hermosura
subterránea
trepó con tus capullos
y estremeció mis ojos y mi vida.

Una por una, flores
que alargaron
metálicos pedúnculos,
acercando en la sombra
rayo tras rayo de una luz oscura
hasta que coronaron
el misterio
con su masa profunda de perfume,
y unidas
fueron una sola estrella
de olor remoto y corazón morado.

Ramo profundo,
íntimo
olor

Ode to a cluster of violets

Crisp cluster
plunged in shadow.
Drops of violet water
and raw sunlight
floated up with your scent.
A fresh
subterranean beauty
climbed up from your buds,
thrilling my eyes and my life.

One at a time, flowers
that stretched forward
silvery stalks,
creeping closer to an obscure light
shoot by shoot in the shadows,
till they crowned
the mysterious mass
with an intense weight of perfume
and together
formed a single star
with a far-off scent and a purple center.

Poignant cluster,
intimate
scent

de la naturaleza,
pareces
la onda, la cabellera,
la mirada
de una náyade rota
y submarina,
pero de cerca,
en plena
temeridad azul de tu fragancia,
tierra, flor de la tierra,
olor terrestre
desprendes, y tu rayo
ultravioleta
es combustión lejana de volcanes.

Sumerjo en tu hermosura
mi viejo rostro tantas
veces hostilizado por el polvo
y algo desde la tierra
me transmites,
y no es sólo un perfume,
no es sólo el grito puro
de tu color total, es más bien
una palabra con rocío,
una humedad florida con raíces.

Frágil haz de violetas
estrelladas,
pequeño, misterioso
planetario
de fósforo marino,
nocturno ramo entre las hojas verdes,
la verdad es
que no hay palabra azul para expresarte:

más que toda palabra
te describe un latido de tu aroma.

of nature,
you resemble
a wave, or a head of hair,
or the gaze
of a ruined water nymph
sunk in the depths.
But up close,
in your fragrance's
blue brazenness,
you exhale the earth,
an earthly flower, an earthen
smell and your ultraviolet
gleam
is volcanoes' faraway fires.

Into your loveliness I sink
a weathered face,
a face that dust has often abused.
You deliver
something out of the soil.
It isn't simply perfume,
nor simply the perfect cry
of your entire color, no: it's
a word sprinkled with dew,
a flowering wetness with roots.

Fragile cluster of starry
violets,
tiny, mysterious
planet
of marine phosphorescence,
nocturnal bouquet nestled in green leaves:
the truth is
there is no blue word to express you.

Better than any word
is the pulse of your scent.

Oda al alhelí

Cuando envuelto en papeles,
devorador siniestro
de libros y libracos,
llegué a la Isla, al sol
y sal marina,
arranqué del pequeño
jardín
los alhelíes.
Los tiré a la barranca,
los increpé
contándoles
mis pasiones contrarias:
plantas de mar, espinas
coronadas
de purpúreos relámpagos:
así dispuse
mi jardín de arena.

Declaré suburbana
la fragancia
del alhelí que el viento
allí esparció con invisibles dedos.

Hoy he vuelto
después de largos

Ode to the gillyflower

I was buried in paper,
a sinister consumer
of books good and bad,
and as soon as I arrived at the Island,
at the ocean sun and salt,
I yanked
the gillyflowers
out of my little garden.
I threw them in the ditch
and ranted away at them,
justifying
my odd passion for
sea plants and thorns
crowned
with bolts of purple lightning.
That's how I planted
my garden in the sand.

I denounced as suburban
the gillyflower's
fragrance that the breeze
scattered there on invisible fingers.

Today I'm back
after long

meses,
parecidos a siglos, años
de sombra, luz y sangre,
a plantar
alhelíes
en la Isla:
tímidas flores,
apenas
luz fragante,
protagonistas puras
del silencio:
ahora
os amo
porque
aprendí
la claridad
andando
y tropezando
por la tierra,
y
cuando caí con la cabeza
golpeada, un
resplandor
morado,
un rayo blanco,
un olor infinito de pañuelo
me recibió:
los pobres alhelíes
de fiel aroma, de perdida nieve
me esperaban: rodearon
mi cabeza
con estrellas o manos
conocidas,
reconocí
el aroma
provinciano,
volví a vivir aquella
intimidad fragante.

months away,
months like centuries or years
of darkness, bright lights, and blood.
I'm back to plant
gillyflowers
on the Island.
You bashful flowers,
little more than
fragrant light,
you perfect protagonists
of silence:
I love you
now
after stumbling
around
this wide world
because
I've learned a thing or two about
clarity,
and
because when I tripped and banged
my head, a
purple
radiance
greeted me,
a white ray
and a clean shawl's boundless aroma.
The humble gillyflowers
were waiting for me there
with their faithful scent and their abandoned snow.
They wrapped
my head
in familiar stars and hands.
I knew
that provincial
scent:
I experienced that intimate
fragrance again.

Amados alhelíes
olvidados,
perdonadme.
Ahora
vuestras
celestiales flores
crecen
en mi jardín de arena,
impregnando
mi corazón
de aromas amorosos:
en la tarde
derrama
el cristalino viento del océano
gotas de sal azul,
nieve marina.

Todo a la claridad ha regresado!
Me parece
de pronto
que el mundo
es más
sencillo,
como
si se hubiera llenado
de alhelíes.
Dispuesta
está
la tierra.
Empieza
simplemente
un nuevo día de alhelíes.

Forgive me,
my beloved, neglected
gillyflowers.
Your
heavenly blossoms
grow
again
in my sandy garden,
impregnating
my heart
with loving scents.
A crystal-clear ocean breeze
showers
drops of blue salt,
ocean snow,
on the fading day.

Everything is bright again!
I see
that the world
is
suddenly
simpler,
as if
filled
with gillyflowers.
The earth
is
ready.
A new day
full of gillyflowers
begins, in simplicity.

Oda al jabón

Acercando
el
jabón
hasta mi cara
su cándida fragancia
me enajena:
No sé
de dónde vienes,
aroma,
de la provincia
vienes?
De mi prima?
De la ropa en la artesa
entre las manos
estrelladas de frío?
De las lilas
aquéllas,
ay, de aquéllas?
De los ojos
de María campestre?
De las ciruelas verdes
en la rama?
De la cancha de fútbol
y del baño
bajo los

Ode to a bar of soap

When I pick up
a bar
of soap
to take a closer look,
its powerful aroma
astounds me:
O fragrance,
I don't know
where you come from,
—what
is your home town?
Did my cousin send you
or did you come from clean clothes
and the hands that washed them,
splotchy from the cold basin?
Did you come from those
lilacs
I remember so well,
from the amaranth's
blossom,
from green plums
clinging to a branch?
Have you come from the playing field
and a quick swim
beneath the

temblorosos
sauces?
Hueles a enramada,
a dulce amor o a torta
de onomástico? Hueles
a corazón mojado?

Qué me traes,
jabón,
a las narices
de pronto,
en la mañana,
antes de entrar al agua
matutina
y salir por las calles
entre hombres abrumados
por sus mercaderías?
Qué olor de pueblo
lejos,
qué flor
de enaguas,
miel de muchachas silvestres?
O tal vez
es el viejo
olvidado
olor del almacén
de ultramarinos
y abarrotes,
los blancos lienzos fuertes
entre las manos de los campesinos,
el espesor
feliz
de la chancaca,
o en el aparador de la casa
de mis tíos
un clavel rojo
como un rayo rojo,
como una flecha roja?

trembling
willows?
Is yours the aroma of thickets
or of young love or birthday
cakes? Or is yours the smell
of a dampened heart?

What is it that you bring
to my nose
so early
every day,
bar of soap,
before I climb into my morning
bath
and go into the streets
among men weighed down
with goods?
What is this smell of people,
a faint smell,
of petticoat
flowers,
the honey of woodland girls?
Or is it
the old
half-forgotten
air of a
five-
and-ten,
the heavy white fabric
a peasant holds in his hands,
rich
thickness
of molasses,
or the red carnation
that lay on my aunt's
sideboard
like a lightning-bolt of red,
like a red arrow?

Es eso
tu agudo
olor
a tienda
barata, a colonia
inolvidable, de peluquería,
a la provincia pura,
al agua limpia?
Eso
eres,
jabón, delicia pura,
aroma transitorio
que resbala
y naufraga como un
pescado ciego
en la profundidad de la bañera.

Do I detect
your pungent
odor
in cut-rate
dry goods and unforgettable
cologne, in barbershops
and the clean countryside,
in sweet water?
This is what
you are,
soap: you are pure delight,
the passing fragrance
that slithers
and sinks like a
blind fish
to the bottom of the bathtub.

Oda a los calcetines

Me trajo Maru Mori
un par
de calcetines
que tejió con sus manos
de pastora,
dos calcetines suaves
como liebres.
En ellos
metí los pies
como en
dos
estuches
tejidos
con hebras del
crepúsculo
y pellejo de ovejas.

Violentos calcetines,
mis pies fueron
dos pescados
de lana,
dos largos tiburones
de azul ultramarino
atravesados
por una trenza de oro,

Ode to a pair of socks

Maru Mori brought me
a pair
of socks
that she knit with her
shepherd's hands.
Two socks as soft
as rabbit fur.
I thrust my feet
inside them
as if they were
two
little boxes
knit
from threads
of sunset
and sheepskin.

My feet were
two woolen
fish
in those outrageous socks,
two gangly,
navy-blue sharks
impaled
on a golden thread,

dos gigantescos mirlos,
dos cañones:
mis pies
fueron honrados
de este modo
por
estos
celestiales
calcetines.
Eran
tan hermosos
que por primera vez
mis pies me parecieron
inaceptables
como dos decrépitos
bomberos, bomberos
indignos
de aquel fuego
bordado,
de aquellos luminosos
calcetines.

Sin embargo
resistí
la tentación aguda
de guardarlos
como los colegiales
preservan
las luciérnagas,
como los eruditos
coleccionan
documentos sagrados,
resistí
el impulso furioso
de ponerlos
en una jaula
de oro
y darles cada día

two giant blackbirds,
two cannons:
thus
were my feet
honored
by
those
heavenly
socks.
They were
so beautiful
I found my feet
unlovable
for the very first time,
like two crusty old
firemen, firemen
unworthy
of that embroidered
fire,
those incandescent
socks.

Nevertheless
I fought
the sharp temptation
to put them away
the way schoolboys
put
fireflies in a bottle,
the way scholars
hoard
holy writ.
I fought
the mad urge
to lock them
in a golden
cage
and feed them birdseed

alpiste
y pulpa de melón rosado.
Como descubridores
que en la selva
entregan el rarísimo
venado verde
al asador
y se lo comen
con remordimiento,
estiré
los pies
y me enfundé
los
bellos
calcetines
y
luego los zapatos.

Y es ésta
la moral de mi oda:
dos veces es belleza
la belleza
y lo que es bueno es doblemente
bueno
cuando se trata de dos calcetines
de lana
en el invierno.

and morsels of pink melon
every day.
Like jungle
explorers
who deliver a young deer
of the rarest species
to the roasting spit
then wolf it down
in shame,
I stretched
my feet forward
and pulled on
those
gorgeous
socks,
and over them
my shoes.

So this is
the moral of my ode:
beauty is beauty
twice over
and good things are doubly
good
when you're talking about a pair of wool
socks
in the dead of winter.

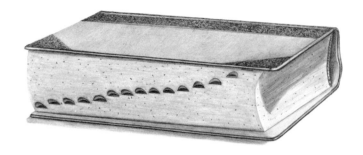

Oda al diccionario

Lomo de buey, pesado
cargador, sistemático
libro espeso:
de joven
te ignoré, me vistió
la suficiencia
y me creí repleto,
y orondo como un
melancólico sapo
dictaminé: "Recibo
las palabras
directamente
del Sinaí bramante.
Reduciré
las formas a la alquimia.
Soy mago."

El gran mago callaba.

El Diccionario,
viejo y pesado, con su chaquetón
de pellejo gastado,
se quedó silencioso
sin mostrar sus probetas.

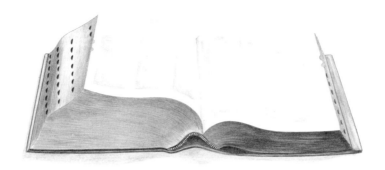

Ode to the dictionary

Broad ox back, ponderous
beast of burden, heavy book
systematized:
when I was young
I had no idea you existed, so wrapped up was I
in my own perfection:
I thought I was quite an item.
Puffed-up like a
moody bullfrog,
I pronounced: "I get
my words
straight
from rumbling Sinai.
I shall distill
their pure shapes by alchemy,
for I have magic powers."

The great Magus said nothing.

Ancient and weighty, in its worn
leather coat,
the Dictionary
held its tongue,
refusing to reveal its secrets.

Pero un día,
después de haberlo usado
y desusado,
después
de declararlo
inútil y anacrónico camello,
cuando por largos meses, sin protesta,
me sirvió de sillón
y de almohada,
se rebeló y plantándose
en mi puerta
creció, movió sus hojas
y sus nidos,
movió la elevación de su follaje:
árbol
era,
natural,
generoso
manzano, manzanar o manzanero,
y las palabras,
brillaban en su copa inagotable,
opacas o sonoras
fecundas en la fronda del lenguaje,
cargadas de verdad y de sonido.

Aparto una
sola de
sus
páginas:
Caporal
Capuchón
qué maravilla
pronunciar estas sílabas
con aire,
y más abajo
Cápsula
hueca, esperando aceite o ambrosía,
y junto a ellas

But one day,
after I had consulted it
and cast it aside,
after I had
declared it
a useless, outworn thing,
after it had done long months
of duty as my easy chair
and pillow, without complaining,
it couldn't take it any longer: it rose up
in my doorway,
growing fast, rustling its pages
and its nests,
rustling its high branches.
It became
a tree—
an authentic,
nourishing
apple tree, crab apple or orchard apple,
and words
quivered brightly in its inexhaustible canopy of leaves,
words opaque and musical,
fertile in the foliage of language,
laden with truth and sound.

I turn to
one of
your
pages:
Stodgy
Stolen
it's great
to form these syllables
out of air.
Farther down the page, there's
Storage,
a hollow word, waiting for olive oil or ambrosia.
And nearby there's

Captura Capucete Capuchina
Caprario Captatorio
palabras
que se deslizan como suaves uvas
o que a la luz estallan
como gérmenes ciegos que esperaron
en las bodegas del vocabulario
y viven otra vez y dan la vida:
una vez más el corazón las quema.

Diccionario, no eres
tumba, sepulcro, féretro,
túmulo, mausoleo,
sino preservación,
fuego escondido,
plantación de rubíes,
perpetuidad viviente
de la esencia,
granero del idioma.
Y es hermoso
recoger en tus filas
la palabra
de estirpe,
la severa
y olvidada
sentencia,
hija de España,
endurecida
como reja de arado,
fija en su límite
de anticuada herramienta,
preservada
con su hermosura exacta
y su dureza de medalla.
O la otra
palabra
que allí vimos perdida
entre renglones

Stoop Stout Stove
Stork and Storm:
words
that slide by like slippery grapes
or explode when exposed to light
like blind seeds once confined
to vocabulary's cellars,
now come back to life, communicating life again.
Once again the heart burns them up.

Dictionary, you are not
a grave, a tomb, or a coffin,
neither sepulchre nor mausoleum:
you are preservation,
hidden fire,
field of rubies,
vital continuity
of essence,
language's granary.
And it is a beautiful thing,
to pluck from your columns
the precise, the noble
word,
or the harsh,
forgotten
saying,
Spain's offspring
hardened
like the blade of a plow,
secure in its role
of outmoded tool,
preserved
in its precise beauty
and its medallion-toughness.
Also that other
word,
the one that slipped
between the lines

y que de pronto
se hizo sabrosa y lisa en nuestra boca
coma una almendra
o tierna como un higo.

Diccionario, una mano
de tus mil manos, una
de tus mil esmeraldas,
una
sola
gota
de tus vertientes virginales,
un grano
de
tus
magnánimos graneros
en el momento
justo
a mis labios conduce,
al hilo de mi pluma,
a mi tintero.
De tu espesa y sonora
profundidad de selva,
dame,
cuando lo necesite,
un solo trino, el lujo
de una abeja,
un fragmento caído
de tu antigua madera perfumada
por una eternidad de jazmineros,
una
sílaba,
un temblor, un sonido,
una semilla:
de tierra soy y con palabras canto.

but popped suddenly,
deliciously into the mouth,
smooth as an almond
or tender as a fig.

Dictionary, guide just one
of your thousand hands, just one
of your thousand emeralds
to my mouth,
to the point of my pen,
to my inkwell
at the right
moment,
give me but a
single
drop
of your virgin springs,
a single grain
from
your
generous granaries.
When most I need it,
grant me
a single trill
from your dense, musical
jungle depths, or a bee's
extravagance,
a fallen fragment
of your ancient wood perfumed
by endless seasons of jasmine,
a single
syllable,
shudder or note,
a single seed:
I am made of earth and my song is made of words.

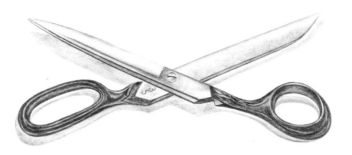

Oda a las tijeras

Prodigiosas
tijeras
(parecidas
a pájaros,
a peces),
bruñidas sois como las armaduras
de la cabellería.

De dos cuchillos largos
y alevosos,
casados y cruzados
para siempre,
de dos
pequeños ríos
amarrados,
resultó una cortante criatura,
un pez que nada en tempestuosos lienzos,
un pájaro que vuela
en
las peluquerías.

Tijeras
olorosas
a
mano

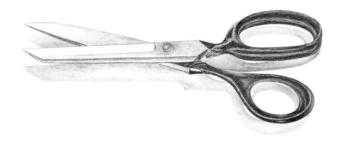

Ode to a pair of scissors

Prodigious
scissors
(looking like
birds, or
fish),
you are as polished as a knight's
shining armor.

Two long and treacherous
knives
crossed and bound together
for all time,
two
tiny rivers
joined:
thus was born a creature for cutting,
a fish that swims among billowing linens,
a bird that flies
through
barbershops.

Scissors
that smell
of
my seamstress

de la tía
costurera,
cuando con su metálico
ojo blanco
miraron
nuestra
arrinconada
infancia
contando
a los vecinos
nuestros robos de besos y ciruelas.

Allí
en la casa
y dentro de su nido
las tijeras cruzaron
nuestras vidas
y luego
cuánta
tela
cortaron y cortaron
para novias y muertos,
para recién nacidos y hospitales
cortaron
y cortaron,
y el pelo
campesino
duro
como planta en la piedra,
y las banderas
que luego
fuego y sangre
mancharon y horadaron,
y el tallo
de las viñas en invierno,
el hilo
de la
voz

aunt's
hands
when their vacant
metal eye
spied on
our
cramped
childhood,
tattling
to the neighbors
about our thefts of plums and kisses.

There,
in the house,
nestled in their corner,
the scissors crossed
our lives,
and oh so
many lengths of
fabric
that they cut and kept on cutting:
for newlyweds and the dead,
for newborns and hospital wards.
They cut
and kept on cutting,
also the peasant's
hair
as tough
as a plant that clings to rock,
and flags
soon
stained and scorched
by blood and flame,
and vine
stalks in winter,
and the cord
of
voices

en el teléfono.

Unas tijeras olvidadas
cortaron en tu ombligo
el hilo
de la madre
y te entregaron para siempre
tu separada parte de existencia:
otras, no necesariamente
oscuras,
cortarán algún día
tu traje de difunto.

Las tijeras
fueron
a todas partes:
exploraron
el mundo
cortando
por igual
alegría
y tristeza:
todo fue paño
para las tijeras:
titánicas
tijeras
de sastrería,
bellas como cruceros,
minúsculas
que cortan uñas
dándoles forma de menguante luna,
delgadas,
submarinas tijeras
del cirujano
que cortan el enredo
o el nudo equivocado en tu intestino.

Y aquí con las tijeras

on the telephone.

A long-lost pair of scissors
cut your mother's
thread
from your navel
and handed you for all time
your separate existence.
Another pair, not necessarily
somber,
will one day cut
the suit you wear to your grave.

Scissors
have gone
everywhere,
they've explored
the world
snipping off pieces of
happiness
and sadness
indifferently.
Everything has been material
for scissors to shape:
the tailor's
giant
scissors,
as lovely as schooners,
and very small ones
for trimming nails
in the shape of the waning moon,
and the surgeon's
slender
submarine scissors
that cut the complications
and the knot that should not have grown inside you.

Now, I'll cut this ode short

de la razón
corto mi oda,
para que no se alargue y no se encrespe
para que
pueda
caber en tu bolsillo
plegada y preparada
como
un par
de tijeras.

with the scissors
of good sense,
so that it won't be too long or too short,
so that it
will
fit in your pocket
smoothed and folded
like
a pair
of scissors.

Oda a la caja de té

Caja de Té
de aquel
país de los elefantes,
ahora costurero
envejecido,
pequeño planetario de botones,
como de otro planeta
a la casa
trajiste
un aroma sagrado,
indefinible.
Así llegó de lejos
regresando
de las islas
mi corazón de joven fatigado.
La fiebre me tenía
sudoroso
cerca del mar, y un
ramo de palmeras
sobre mí se movía
refrescando
con aire verde y canto
mis pasiones.

Caja

Ode to a box of tea

Box of tea
from
elephant country,
now a worn
sewing box,
small planetarium of buttons:
you brought
into the house
a sacred,
unplaceable scent,
as if you had come from another planet.
With you my weary young heart
arrived from far-off places,
returning
from the islands.
I had lain sweating
with fever
by the ocean shore, while a
palm frond
waved back and forth above me,
soothing
my emotions
with its green air and song.

Exquisite

de latón, primorosa,
ay
me recuerdas
las olas de otros mares,
el anuncio
del
monzón sobre el Asia,
cuando se balancean
como
navíos
los países
en las manos del viento
y Ceylán desparrama
sus olores
como una
combatida
cabellera.

Caja de Té,
como mi
corazón
trajiste
letras,
escalofríos,
ojos
que contemplaron
pétalos fabulosos
y también ay!
aquel
olor perdido
a té, a jazmín, a sueños,
a primavera errante.

tin box,
oh
how you remind me of
the swell of other seas,
the roar
of
monsoons over Asia
when
countries
rock
like ships
at the hands of the wind
and Ceylon scatters
its scents
like a head of
storm-tossed
hair.

Box of tea,
like my
own heart
you arrived bearing
stories,
thrills,
eyes
that had held
fabulous petals in their gaze
and also, yes,
that
lost scent
of tea, of jasmine and of dreams,
that scent of wandering spring.

Oda a la cuchara

Cuchara,
cuenca
de
la más antigua
mano del hombre,
aún
se ve en tu forma
de metal o madera
el molde
de la palma
primitiva,
en donde
el agua
trasladó
frescura
y la sangre
salvaje
palpitación
de fuego y cacería.

Cuchara
pequeñita,
en la
mano
del niño

Ode to the spoon

Spoon,
scoop
formed
by man's
most ancient hand,
in your design
of metal or of wood
we still see
the shape
of the first
palm
to which
water
imparted
coolness
and savage
blood,
the throb
of bonfires and the hunt.

Little
spoon
in an
infant's
tiny hand,

levantas
a su boca
el más
antiguo
beso
de la tierra,
la herencia silenciosa
de las primeras aguas que cantaron
en labios que después
cubrió la arena.

El hombre
agregó
al hueco desprendido
de su mano
un brazo imaginario
de madera
y
salió
la cuchara
por el mundo
cada
vez
más
perfecta,
acostumbrada
a pasar
desde el plato a unos labios clavelinos
o a volar
desde la pobre sopa
a la olvidada boca del hambriento.

Sí,
cuchara,
trepaste
con el hombre
las montañas,
descendiste los ríos,

you raise
to his mouth
the earth's
most
ancient
kiss,
silent heritage
of the first water to sing
on lips that later lay
buried beneath the sand.

To this hollow space,
detached from the palm of our hand,
someone
added
a make-believe wooden
arm,
and
spoons
started turning up
all over the world
in ever
more
perfect
form,
spoons made for
moving
between bowl and ruby-red lips
or flying
from thin soups
to hungry men's careless mouths.

Yes,
spoon:
at mankind's side
you have climbed
mountains,
swept down rivers,

llenaste
embarcaciones y ciudades,
castillos y cocinas,
pero
el difícil camino
de tu vida
es juntarte
con el plato del pobre
y con su boca.

Por eso el tiempo
de la nueva vida
que
luchando y cantando
proponemos
será un advenimiento de soperas,
una panoplia pura
de cucharas,
y en un mundo
sin hambre
iluminando todos los rincones,
todos los platos puestos en la mesa,
felices flores,
un vapor oceánico de sopa
y un total movimiento de cucharas.

populated
ships and cities,
castles and kitchens:
but
the hard part
of your life's journey
is to plunge
into the poor man's plate,
and into his mouth.

And so the coming
of the new life
that,
fighting and singing,
we preach,
will be a coming of soup bowls,
a perfect panoply
of spoons.
An ocean of steam rising from pots
in a world
without hunger,
and a total mobilization of spoons,
will shed light where once was darkness
shining on plates spread all over the table
like contented flowers.

Oda al plato

Plato,
disco central
del mundo,
planeta y planetario:
a mediodía, cuando
el sol, plato de fuego,
corona
el
alto
día,
plato, aparecen
sobre
las mesas en el mundo
tus estrellas,
las pletóricas
constelaciones,
y se llena de sopa
la tierra, de fragancia

Ode to the plate

Plate,
world's
most vital disk,
planet and planetarium:
at noon, when
the sun, itself a plate of fire,
crowns
the
height
of day,
your stars
appear, plate,
upon
the tables of the world,
constellations
in abundance,
and the world
fills with food, and the universe

el universo,
hasta que los trabajos
llaman de nuevo
a los trabajadores
y otra vez
el comedor es un vagón vacío,
mientras vuelven los platos
a la profundidad de las cocinas.

Suave, pura vasija,
te inventó el manantial en una piedra,
luega la mano humana
repitió
el hueco puro
y copió el alfarero su frescura
para
que el tiempo con su hilo
lo pusiera
definitivamente
entre el hombre y la vida:
el plato, el plato, el plato,
cerámica esperanza,
cuenco santo,
exacta luz lunar en su aureola,
hermosura redonda de diadema.

fills with fragrance,
until work
reclaims
the workers,
and once again
the dining car is empty,
while the plates return
to the depths of the kitchen.

Smooth, perfect vessel,
you were spawned by a spring on a stone.
Then the human hand
duplicated
that perfect hollow
and the potter copied its freshness
so that
time with its thread
could insert it
forever
between every man and his life:
one plate, two plates, three . . .
ceramic hope,
sacred bowl,
moonlight precise within its halo,
rounded beauty of a diadem.

Oda a la naranja

A semejanza tuya,
a tu imagen,
naranja,
se hizo el mundo:
redondo el sol, rodeado
por cáscaras de fuego:
la noche consteló con azahares
su rumbo y su navío.
Así fue y así fuimos,
oh tierra,
descubriéndote,
planeta anaranjado.
Somos los rayos de una sola rueda
divididos
como lingotes de oro
y alcanzando con trenes y con ríos
la insólita unidad de la naranja.

Patria
mía,
amarilla
cabellera,
espada del otoño,
cuando
a tu luz

Ode to the orange

Orange,
the world was made
in your likeness
and image:
the sun was made round, surrounded
by peels of flame,
and night strewed its engine and its path
with your blossoms.
So it was, O earth,
orange planet,
and we went on
to discover you.
We are the spokes of a single wheel
fanning out
like tongues of molten gold.
Trains and rivers are the way we achieve
the orange's unmatched oneness.

Country
of my birth,
head of
yellow hair,
autumn sword:
when
I return

retorno,
a la desierta
zona
del salitre lunario,
a las aristas
desgarradoras
del metal andino,
cuando
penetro
tu contorno, tus aguas,
alabo
tus mujeres,
miro cómo los bosques
balancean
aves y hojas sagradas,
el trigo se derrama en los graneros
y las naves navegan
por oscuros estuarios,
comprendo que eres,
planeta,
una naranja,
una fruta del fuego.

En tu piel se reúnen
los países
unidos
como sectores de una sola fruta,
y Chile, a tu costado,
eléctrico,
encendido
sobre
los follajes azules
del Pacífico
es un largo recinto de naranjos.

Anaranjada sea
la luz
de cada

to your light,
to the vacant
lunar landscape
of saltpeter wastes,
to lacerating
cliffs
of Andean ore,
when
I penetrate
your borders and your waters,
when I praise
your women
and admire how the woods
gently rock
the birds and sacred leaves,
how wheat pours into granaries
and ships find their way
up dark estuaries:
I understand that you,
planet, are
an orange,
a fruit born of fire.

Nations
are united
within your rind
like segments of a single fruit.
Chile, lying the length of your side,
electric
and inflamed
above
the Pacific's
blue foliage,
is a long haven for orange trees.

Give us
this day
orange daylight,

día,
y el corazón del hombre,
sus racimos,
ácido y dulce sea:
manantial de frescura
que tenga y que preserve
la misteriosa
sencillez
de la tierra
y la pura unidad
de una naranja.

and every day,
and may mankind's heart,
and its clusters of fruit,
be both bitter and sweet:
irrepressible source of freshness,
may it hold and protect
the earth's
mysterious
simplicity,
and the perfect oneness
of an orange.

Oda a la manzana

A ti, manzana,
quiero
celebrarte
llenándome
con tu nombre
la boca,
comiéndote.

Siempre
eres nueva como nada
o nadie,
siempre
recién caída
del Paraíso:
plena
y pura
mejilla arrebolada
de la aurora!

Qué difíciles
son
comparados
contigo
los frutos de la tierra,
las celulares uvas,

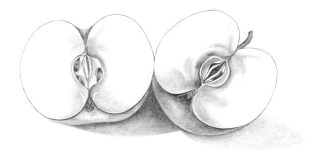

Ode to the apple

You, apple,
are the object
of my praise.
I want to fill
my mouth
with your name.
I want to eat you whole.

You are always
fresh, like nothing
and nobody.
You have always
just fallen
from Paradise:
dawn's
rosy cheek
full
and perfect!

Compared
to you
the fruits of the earth
are
so awkward:
bunchy grapes,

los mangos
tenebrosos,
las huesudas
ciruelas, los higos
submarinos:
tú eres pomada pura,
pan fragante,
queso
de la vegetación.

Cuando mordemos
tu redonda inocencia
volvemos
por un instante
a ser
también recién creadas criaturas:
aún tenemos algo de manzana.

Yo quiero
una abundancia
total, la multiplicación
de tu familia,
quiero
una ciudad,
una república,
un río Mississippi
de manzanas,
y en sus orillas
quiero ver
a toda
la población
del mundo
unida, reunida,
en el acto más simple de la tierra:
mordiendo una manzana.

muted
mangos,
bony
plums, and submerged
figs.
You are pure balm,
fragrant bread,
the cheese
of all that flowers.

When we bite into
your round innocence
we too regress
for a moment
to the state
of the newborn:
there's still some apple in us all.

I want
total abundance,
your family
multiplied.
I want
a city,
a republic,
a Mississippi River
of apples,
and I want to see
gathered on its banks
the world's
entire
population
united and reunited
in the simplest act we know:
I want us to bite into an apple.

Oda al pan

Pan,
con harina,
agua
y fuego
te levantas.
Espeso y leve,
recostado y redondo,
repites
el vientre
de la madre,
equinoccial
germinación
terrestre.
Pan,
qué fácil
y qué profundo eres:
en la bandeja blanca
de la panadería
se alargan tus hileras
como utensilios, platos
o papeles,
y de pronto,
la ola
de la vida,
la conjunción del germen

Ode to bread

Bread,
you rise
from flour,
water
and fire.
Dense or light,
flattened or round,
you duplicate
the mother's
rounded womb,
and earth's
twice-yearly
swelling.
How simple
you are, bread,
and how profound!
You line up
on the baker's
powdered trays
like silverware or plates
or pieces of paper,
and suddenly
life washes
over you,
there's the joining of seed

y del fuego,
creces, creces
de pronto
como
cintura, boca, senos,
colinas de la tierra,
vidas,
sube el calor, te inunda
la plenitud, el viento
de la fecundidad,
y entonces
se inmoviliza tu color de oro,
y cuando se preñaron
tus pequeños vientres
la cicatriz morena
dejó su quemadura
en todo tu dorado
sistema
de hemisferios.
Ahora,
intacto,
eres
acción de hombre,
milagro repetido,
voluntad de la vida.

Oh pan de cada boca,
no
te imploraremos,
los hombres
no somos
mendigos
de vagos dioses
o de ángeles oscuros:
del mar y de la tierra
haremos pan,
plantaremos de trigo
la tierra y los planetas,

and fire,
and you're growing, growing
all at once
like
hips, mouths, breasts,
mounds of earth,
or people's lives.
The temperature rises, you're overwhelmed
by fullness, the roar
of fertility,
and suddenly
your golden color is fixed.
And when your little wombs
were seeded,
a brown scar
laid its burn the length
of your two halves'
toasted
juncture.
Now,
whole,
you are
mankind's energy,
a miracle often admired,
the will to live itself.

O bread familiar to every mouth,
we will not
kneel before you:
men
do not
implore
unclear gods
or obscure angels:
we will make our own bread
out of sea and soil,
we will plant wheat
on our earth and the planets,

el pan de cada boca,
de cada hombre,
en cada día,
llegará porque fuimos
a sembrarlo
y a hacerlo,
no para un hombre sino
para todos,
el pan, el pan
para todos los pueblos
y con él lo que tiene
forma y sabor de pan
repartiremos:
la tierra,
la belleza,
el amor,
todo eso
tiene sabor de pan,
forma de pan,
germinación de harina,
todo
nació para ser compartido,
para ser entregado,
para multiplicarse.

Por eso, pan,
si huyes
de la casa del hombre,
si te ocultan,
te niegan,
si el avaro
te prostituye,
si el rico
te acapara,
si el trigo
no busca surco y tierra,
pan,
no rezaremos,

bread for every mouth,
for every person,
our daily bread.
Because we plant its seed
and grow it
not for one man
but for all,
there will be enough:
there will be bread
for all the peoples of the earth.
And we will also share with one another
whatever has
the shape and the flavor of bread:
the earth itself,
beauty
and love—
all
taste like bread
and have its shape,
the germination of wheat.
Everything
exists to be shared,
to be freely given,
to multiply.

This is why, bread,
if you flee
from mankind's houses,
if they hide you away
or deny you,
if the greedy man
pimps for you or
the rich man
takes you over,
if the wheat
does not yearn for the furrow and the soil:
then, bread,
we will refuse to pray:

pan,
no mendigaremos,
lucharemos por ti con otros hombres
con todos los hambrientos,
por todos los ríos y el aire
iremos a buscarte,
toda la tierra la repartiremos
para que tú germines,
y con nosotros
avanzará la tierra:
el agua, el fuego, el hombre
lucharán con nosotros.
Iremos coronados
con espigas,
conquistando
tierra y pan para todos,
y entonces
también la vida
tendrá forma de pan,
será simple y profunda,
innumerable y pura.
Todos los seres
tendrán derecho
a la tierra y la vida,
y así será el pan de mañana
el pan de cada boca,
sagrado,
consagrado,
porque será el producto
de la más larga y dura
lucha humana.

No tiene alas
la victoria terrestre:
tiene pan en sus hombros,
y vuela valerosa
liberando la tierra
como una panadera
conducida en el viento.

bread,
we will refuse to beg.
We will fight for you instead, side by side with the others,
with everyone who knows hunger.
We will go after you
in every river and in the air.
We will divide the entire earth among ourselves
so that you may germinate,
and the earth will go forward
with us:
water, fire, and mankind
fighting at our side.
Crowned
with sheafs of wheat,
we will win
earth and bread for everyone.
Then
life itself
will have the shape of bread,
deep and simple,
immeasurable and pure.
Every living thing
will have its share
of soil and life,
and the bread we eat each morning,
everyone's daily bread,
will be hallowed
and sacred,
because it will have been won
by the longest and costliest
of human struggles.

This earthly *Victory*
does not have wings:
she wears bread on her shoulders instead.
Courageously she soars,
setting the world free,
like a baker
born aloft on the wind.

Oda a la alcachofa

La alcachofa
de tierno corazón
se vistió de guerrero,
erecta, construyó
una pequeña cúpula,
se mantuvo
impermeable
bajo
sus escamas,
a su lado
los vegetales locos
se encresparon,
se hicieron
zarcillos, espadañas,
bulbos conmovedores,
en el subsuelo
durmió la zanahoria
de bigotes rojos,
la viña
resecó los sarmientos
por donde sube el vino,
la col
se dedicó
a probarse faldas,
el orégano

Ode to the artichoke

The soft-hearted
artichoke
put on its warrior suit
and, straightbacked, built
a little dome.
Underneath
its scales,
it was
impenetrable.
Right next to it
crazed vegetables
bristled
and twisted themselves into
creepers, cattails,
or histrionic bulbs.
Beneath the earth
slumbered red-whiskered
carrots,
the earth
sucked dry the vines
that draw wine from the soil,
cabbages
spent their time
trying on skirts,
and oregano labored

a perfumar el mundo,
y la dulce
alcachofa
allí en el huerto,
vestida de guerrero,
bruñida
como una granada,
orgullosa,
y un día
una con otra
en grandes cestos
de mimbre, caminó
por el mercado
a realizar su sueño:
la milicia.
En hileras
nunca fue tan marcial
como en la feria,
los hombres
entre las legumbres
con sus camisas blancas
eran
mariscales
de las alcachofas,
las filas apretadas,
las voces de comando,
y la detonación
de una caja que cae,
pero
entonces
viene
María
con su cesto,
escoge
una alcachofa,
no le teme,
la examina, la observa
contra la luz como si fuera un huevo,

to fill the world with perfume,
and all the while sweet
artichokes
in their corner of the garden
dressed for war,
like shiny
pomegranates,
and just as proud.
One day
they marched
through the market,
side by side
in wicker baskets,
to make their dream come true:
to be soldiers.
All lined up,
they were never more warlike
than that day at the fair.
The men
in white shirts
who stood amidst the vegetables,
they were
the artichokes'
officers.
Tight formation,
the drill sergeant's screams,
drumroll
of a falling crate.
But
then
along comes
Maria
with a basket on her arm.
She picks up
an artichoke
fearlessly,
she looks it over, she holds it
up to the light as if it were an egg.

la compra,
la confunde
en su bolsa
con un par de zapatos,
con un repollo y una
botella
de vinagre
hasta
que entrando a la cocina
la sumerge en la olla.
Así termina
en paz
esta carrera
del vegetal armado
que se llama alcachofa,
luego
escama por escama
desvestimos
la delicia
y comemos
la pacífica pasta
de su corazón verde.

She buys it
and sticks it
in her bag
along with a pair of shoes,
a cabbage and a
bottle
of vinegar;
back
in the kitchen,
she drops it in the pot.
This is how
the career
of the armored vegetable
we call an artichoke
comes to a peaceful end.
For the final act
we reveal
its delicious flavor,
plucking it leaf by leaf,
and devour
the peaceable dough
that lies at its green heart.

Oda a la cebolla

Cebolla,
luminosa redoma,
pétalo a pétalo
se formó tu hermosura,
escamas de cristal te acrecentaron
y en el secreto de la tierra oscura
se redondeó tu vientre de rocío.
Bajo la tierra
fue el milagro
y cuando apareció
tu torpe tallo verde,
y nacieron
tus hojas como espadas en el huerto,
la tierra acumuló su poderío
mostrando tu desnuda transparencia,
y como en Afrodita el mar remoto
duplicó la magnolia
levantando sus senos,
la tierra
así te hizo,
cebolla,
clara como un planeta,
y destinada
a relucir,
constelación constante,

Ode to the onion

Onion,
shining flask,
your beauty assembled
petal by petal,
they affixed crystal scales to you
and your belly of dew grew round
in the secret depth of the dark earth.
The miracle took place
underground,
and when your lazy green stalk
appeared
and your leaves were born
like swords in the garden,
the earth gathered its strength
exhibiting your naked transparency,
and just as the distant sea
copied the magnolia in Aphrodite
raising up her breasts,
so the earth
made you,
onion,
as bright as a planet
and fated
to shine,
constant constellation,

redonda rosa de agua,
sobre
la mesa
de las pobres gentes.

Generosa
deshaces
tu globo de frescura
en la consumación
ferviente de la olla,
y el jirón de cristal
al calor encendido del aceite
se transforma en rizada pluma de oro.

También recordaré cómo fecunda
tu influencia el amor de la ensalada
y parece que el cielo contribuye
dándote fina forma de granizo
a celebrar tu claridad picada
sobre los hemisferios de un tomate.
Pero al alcance
de las manos del pueblo,
regada con aceite,
espolvoreada
con un poco de sal,
matas el hambre
del jornalero en el duro camino.
Estrella de los pobres,
hada madrina
envuelta
en delicado
papel, sales del suelo,
eterna, intacta, pura
como semilla de astro,
y al cortarte
el cuchillo en la cocina
sube la única lágrima
sin pena.

rounded rose of water,
on
poor people's
dining tables.

Generously
you give up
your balloon of freshness
to the boiling consummation
of the pot,
and in the blazing heat of the oil
the shred of crystal
is transformed into a curled feather of gold.

I shall also proclaim how your influence
livens the salad's love,
and the sky seems to contribute
giving you the fine shape of hail
praising your chopped brightness
upon the halves of the tomato.
But within the people's
reach,
showered with oil,
dusted
with a pinch of salt,
you satisfy the worker's hunger
along the hard road home.
Poor people's star,
fairy godmother
wrapped
in fancy paper,
you rise from the soil,
eternal, intact, as pure
as a celestial seed,
and when the kitchen knife
cuts you
the only painless tear
is shed:

Nos hiciste llorar sin afligirnos.
Yo cuanto existe celebré, cebolla,
pero para mí eres
más hermosa que un ave
de plumas cegadoras,
eres para mis ojos
globo celeste, copa de platino,
baile inmóvil
de anémona nevada

y vive la fragancia de la tierra
en tu naturaleza cristalina.

you made us weep without suffering.
I have praised every living thing, onion,
but for me you are
more beautiful than a bird
of blinding plumage;
to my eyes you are
a heavenly balloon, platinum cup,
the snowy anemone's
motionless dance.

The fragrance of earth is alive
in your crystalline nature.

Oda al tomate

La calle
se llenó de tomates,
mediodía,
verano,
la luz
se parte
en dos
mitades
de tomate,
corre
por las calles
el jugo.
En diciembre
se desata
el tomate,
invade
las cocinas,
entra por lus almuerzos,
se sienta
reposado
en los aparadores,
entre los vasos,
las mantequilleras
los saleros azules.
Tiene

Ode to the tomato

On the street
at noon,
tomatoes everywhere,
in summer.
Daylight
splits
into a tomato's
equal
halves:
its juice
flows
in the streets.
In December,
the tomatoes
are on the move:
they raid
kitchens,
show up for lunch
or perch
with dignity
on shelves
alongside glasses,
butter dishes
and blue salt shakers.
Tomatoes have

luz propia,
majestad benigna.
Debemos, por desgracia,
asesinarlo:
se hunde
el cuchillo
en su pulpa viviente,
es una roja
víscera,
un sol
fresco,
profundo,
inagotable,
llena las ensaladas
de Chile,
se casa alegremente
con la clara cebolla,
y para celebrarlo
se deja
caer
aceite,
hijo
esencial del olivo,
sobre sus hemisferios entreabiertos,
agrega
la pimienta
su fragancia,
la sal su magnetismo:
son las bodas
del día,
el perejil
levanta
banderines,
las papas
hierven vigorosamente,
el asado
golpea
con su aroma

their own glow,
and a benign grandeur.
All the same, we'll have
to put this one to death:
the knife
sinks into
its living pulp,
it's a bloody
organ,
a poignant,
raw,
inexhaustible
sun.
In Chile,
a tomato completes the salad,
in a cheerful wedding
with the bright onion.
In celebration of this union,
we agree
to pour
oil,
offspring
of the olive's essence,
over its yawning halves.
Next, pepper
adds
its fragrance,
and salt its magnetic touch.
This is the day's
wedding.
Parsley
raises
its standards,
potatoes
boil energetically,
and the roast
sends its aroma
knocking

en la puerta,
es hora!
vamos!
y sobre
la mesa, en la cintura
del verano,
el tomate,
astro de tierra,
estrella
repetida
y fecunda,
nos muestra
sus circunvoluciones,
sus canales,
la insigne plenitud
y la abundancia
sin hueso,
sin coraza,
sin escamas ni espinas,
nos entrega
el regalo
de su color fogoso
y la totalidad de su frescura.

at the door:
It's ready!
Here we go!
And there it is: on
the table, at the summer's
equator,
a tomato—
an earthen sphere,
a fertile and
repeated
star–
reveals
its folds
and channels,
its renowned fullness,
its abundance
free of pits
and peels,
thorns and scales.
It's the tomato's
gift to us,
this fiery color
and undiminished freshness.

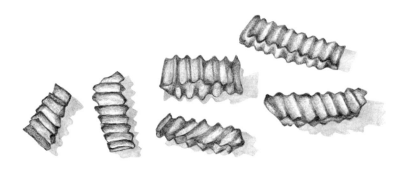

Oda a las papas fritas

Chisporrotea
en el aceite
hirviendo
la alegría
del mundo:
las papas
fritas
entran
en la sartén
como nevadas
plumas
de cisne matutino
y salen
semidoradas por el crepitante
ámbar de las olivas.

El ajo
les añade
su terrenal fragancia,
la pimienta,
polen que atravesó los arrecifes,
y
vestidas
de nuevo
con traje de marfil, llenan el plato
con la repetición de su abundancia
y su sabrosa sencillez de tierra.

Ode to French fries

What sizzles
in boiling
oil
is the world's
pleasure:
French
fries
go
into the pan
like the morning swan's
snowy
feathers
and emerge
half-golden from the olive's
crackling amber.

Garlic
lends them
its earthy aroma,
its spice,
its pollen that braved the reefs.
Then,
dressed
anew
in ivory suits, they fill our plates
with repeated abundance,
and the delicious simplicity of the soil.

Acknowledgments

We greatly appreciate the contributions made by Christopher Kuntze, David Diefendorf, Maria Sutcliffe, Jody Winer, Nancy Sondow, John Coleman, Peter Blaiwas, Nancy Howard, Nestor, Hazel, and Stella. And to our editor Brian Hotchkiss, we say with affection: Thank you for every little thing!

Ferris Cook & Ken Krabbenhoft
New York City
October 22, 1993

Book design by Christopher Kuntze
Printed by The Stinehour Press, Lunenburg, Vermont
Bound by Alliance Book Mfg., Clinton, MA